Petites histoires de derrière les fourneaux

Pour Raphaëlle,
en souvenir d'un été
en Lombardie.

Du même auteur

Histoires insolites des saints
et des fêtes du calendrier
La Mythologie grecque
Les Héros grecs
La Mythologie romaine
ACTES SUD JUNIOR

Je cherche les clés du paradis
L'ÉCOLE DES LOISIRS

Bébé Jules qui ne voulait pas naître
GALLIMARD JEUNESSE

De la même illustratrice

Histoires insolites des saints
et des fêtes du calendrier
La Mythologie grecque
Les Héros grecs
ACTES SUD JUNIOR

Conception graphique
et direction artistique :
Guillaume Berga

Maquette :
Amandine Chambosse

ISBN 2-7427-6067-9

Loi 49-956 du 16 juillet 1949
sur les publications destinées à la jeunesse

les petits
NÉCESSAIRES
de culture

FLORENCE NOIVILLE

Petites histoires de derrière les fourneaux

Illustrations de
CHRISTINE NOIVILLE

ACTES SUD JUNIOR

Introduction

Dis-moi ce que tu manges, je te dirai qui tu es. Si tu raffoles des escargots, il y a peu de chances que tu sois britannique. Si tu adores les punaises qui croustillent sous la dent et dont tu saupoudres ta *tortilla* (omelette), tu es sans doute un Mixtèque, un Indien du Mexique. Et si tu te régales de viande de phoque faisandée, tu es un Ammassalimiit, un Eskimo du Groenland…

Mais manger ne renvoie pas seulement aux différences géographiques. C'est aussi une manière d'afficher son importance ou son rang dans la société. Les dieux de l'Olympe buvaient le nectar et l'ambroisie, ce qui les distinguait des simples mortels. Les Latins Lucullus et Apicius donnaient d'immenses festins qui témoignaient non seulement de l'étendue de leur fortune mais aussi de leur goût et de leur raffinement.

La cuisine est affaire de symboles, de rêves, de voyages. Songeons aux grandes découvertes, celle du sucre en Inde et en Chine, ou celle du chocolat chez les Aztèques. Pensons à la route du sel et à celle des épices, qui bouleversèrent la façon d'accommoder les mets. La cuisine, comme la littérature, fait appel à notre histoire, et même à nos fantasmes. En témoignent certains noms de pâtisseries comme la tête-de-nègre, la religieuse, le financier, le nègre en chemise… Ou encore des noms de lieux ou de personnes, définitivement attachés à des spécialités – sauce béarnaise, crème chantilly, sauce béchamel, tarte tatin…

Mais au fait, savez-vous comment les sœurs Tatin
inventèrent leur délicieux dessert caramélisé ?
Comment Rossini composa son célèbre tournedos ?
Pourquoi Parmentier laissa son nom à un hachis ?
Derrière toutes les recettes que vous trouverez ici
se cachent des histoires vraies.
Des histoires qui font partie de notre culture et qui,
étonnantes ou insolites, sont souvent aussi savoureuses
que les plats qu'elles accompagnent.

Bon appétit !

Tous les ustensiles pour devenir un habile cuisinier

Cuillère et spatule en bois

Rouleau à pâtisserie

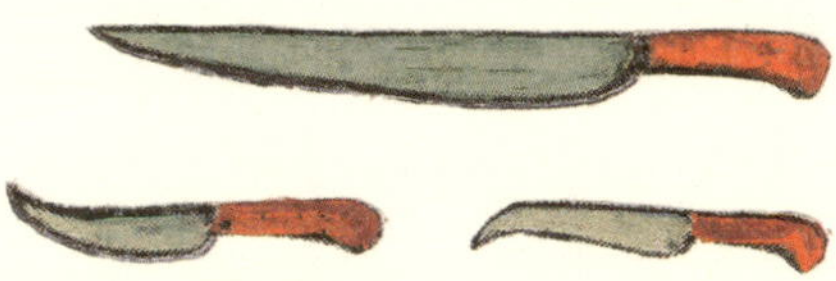

Couteaux à éplucher

Passoire

Râpe

Coupes et ramequins

Bac à glaçons

Plats allant au four

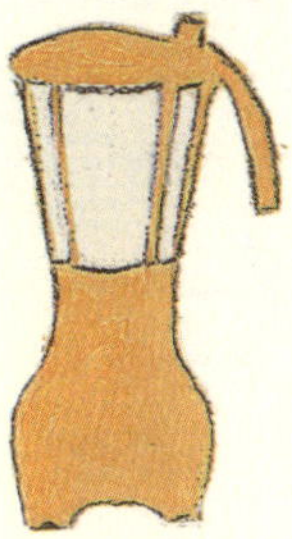

Mixeur

Saladier

Batteur électrique

Papier aluminium

Planche à découper

Casseroles

Poêle à frire

Moules à gâteau et à tarte

RINE
PÂTES
RIZ
GRO

Les entrées

L'œuf mayonnaise

Ou "Merci, messieurs les Anglais"

Il fait tellement partie de notre environnement qu'on a fini par lui donner un diminutif affectif. En un sens, "l'œuf mayo" est devenu un symbole bien français avec la baguette, le saucisson et le quart de rouge. La fierté des zincs et des bistrots…
Un poète comme Jacques Prévert lui a même rendu hommage : "Il est terrible le petit bruit de l'œuf dur cassé sur le comptoir d'étain. Il est terrible ce bruit quand il remue dans la mémoire de l'homme qui a faim." Pourtant, autant l'œuf seul, un peu bourratif, peut servir à calmer les fringales, autant l'alliance avec la douce et onctueuse sauce mayonnaise le transforme en une entrée sans pareille.

Mais d'où vient donc cette fameuse mayonnaise ?
Pour cette reine des sauces, on trouve au moins quatre origines possibles.
Les premières renvoient à deux régions qui se disputent son invention. La dénomination "mayonnaise" viendrait en fait de la ville de Bayonne : de bayonnaise à mayonnaise, il n'y a qu'un pas… Mais les ducs de Mayenne ne sont pas d'accord. Eux aussi revendiquent la paternité de la "mayennaise".
À moins que la véritable origine ne soit étymologique : en ancien français, on appelait "moyeu" le jaune de l'œuf.
Et comme on utilise surtout le jaune d'œuf et l'huile dans cette sauce, on l'aurait baptisée "moyeunaise"…

Une autre légende, la plus courante, se charge de mettre tout le monde d'accord. Selon celle-ci, l'invention de la mayonnaise remonte au XVIIIe siècle. Nous sommes le 28 juin 1756 et les Français viennent de remporter sur les Anglais la bataille historique de Port-Mahon (la capitale de Minorque, l'une des îles Baléares). Vaincre l'ennemi héréditaire, voilà qui se fête. Le duc de Richelieu (le petit-neveu du cardinal), qui est à la tête des troupes, commande pour la circonstance un repas de fête à son cuisinier. Celui-ci en profite pour faire preuve d'une créativité historique elle aussi. Il invente une sauce qui renverra à jamais à la victoire de Port-Mahon. C'est la "mahonnaise" !

La recette

Facile
Bon marché
Pour 2 personnes

Ingrédients
3 œufs
1 tomate
Quelques feuilles de salade
25 cl d'huile de tournesol
1 cuillerée à café de moutarde
Un filet de vinaigre de vin
Sel et poivre

Pour les œufs :
• Remplis une casserole d'eau et porte-la à ébullition.
• Plonges-y 2 œufs et laisse-les cuire 10 minutes.

• Retire la casserole du feu et pose-la dans l'évier. Fais couler de l'eau froide sur les œufs jusqu'à ce qu'ils soient entièrement refroidis.
• Sors les œufs, écale-les délicatement et pose-les dans une assiette.

Pour la mayonnaise :
• Prends l'œuf restant et mets le jaune dans un saladier. Ajoute la moutarde, une pincée de sel et de poivre. Fouette pour bien mélanger (tu peux aussi utiliser le mixeur).
• Ajoute le vinaigre et mélange à nouveau. Verse alors l'huile en filet sans cesser de fouetter et jusqu'à ce que le mélange prenne. La sauce doit avoir une consistance bien ferme.

Pour la garniture :
• Lave les feuilles de salade et coupe en rondelles la tomate lavée. Dans chaque assiette, dispose joliment la salade, les rondelles de tomate et l'œuf coupé dans sa moitié.
• Nappe les moitiés d'œuf d'une cuillerée de mayonnaise et sers à part le reste de la sauce.

La pizza

Ou comment transformer un plat du pauvre en un best-seller mondial

C'est à Naples, à peu près au milieu du XVIe siècle, qu'apparaît pour la première fois le mot "pizza". Au départ, il en existe deux sortes : celle des riches et celle des pauvres. La première est sucrée et recouverte d'amandes. L'autre est salée : c'est une simple pâte recouverte d'huile d'olive que l'on plie en quatre et que l'on mange debout dans la rue. Son principal mérite est de caler l'estomac et de couper la faim. La tomate ? Elle n'existe pas encore. Ou plutôt si, elle a bien été rapportée d'Amérique au début du XVIe siècle, mais on n'en mange pas encore en Europe. On s'en méfie. Certains disent même que c'est un poison...

Il faut attendre le XIXe siècle pour que naisse la version moderne de la pizza. Mais il s'agit toujours, à cette époque, d'un plat de pauvres, fait pour nourrir les familles nombreuses de la baie de Naples. Certaines, qui sont particulièrement désargentées, paient avec une semaine de retard, d'où ce qu'il est convenu d'appeler à Naples la "pizza de huit jours".

À l'époque, le principe de la pizza est simple : sur la pâte, on met tous les restes de la veille ou, en tout cas, ce que l'on a sous la main. Du lard, du fromage, de la tomate, des petits poissons...
La recette varie selon ce dont on dispose – les prix aussi.

En 1889, se joue le troisième acte de l'histoire de la pizza. Umberto Ier, roi d'Italie, souhaite unifier les différentes provinces et régions de son pays. Pour gagner les faveurs des Napolitains, il se rend à Naples avec son épouse, la reine Margherita, et demande à ce qu'un pizzaïolo réputé leur serve une bonne pizza. Celui-ci invente alors une pizza aux couleurs de l'Italie : rouge (tomate), blanc (mozzarella) et vert (basilic). Et en l'honneur de la reine, il la baptise pizza Margherita. La légende est lancée.

La pizza Margherita va bientôt faire le tour du monde.
Car, à la fin du XIXe siècle, la misère est telle dans le sud de l'Italie que de nombreux Napolitains s'exilent aux États-Unis. Avec eux, ils emportent la recette de la pizza qui va peu à peu s'américaniser, au point de supplanter le hamburger.
Et voilà comment on passe des pauvres familles de pêcheurs de la baie de Naples à... la pizza livrée à domicile !

La recette

Facile
Bon marché
Pour 2 à 4 personnes

Ingrédients
250 g de farine
150 g de mozzarella
20 g de levure de boulanger
150 g de tomates
Huile d'olive
Basilic, thym, sel
Eau (3/4 de verre)

- Prépare une pâte à pain avec la farine, l'eau, le sel et la levure de boulanger. Laisse-la reposer 1 heure puis pétris-la légèrement et aplatis-la au rouleau. Fais une galette ayant environ 1,5 cm d'épaisseur. Et badigeonne-la avec de l'huile d'olive.
- Dispose dessus la tomate coupée en tranches minces et de fines lamelles de mozzarella. Nappe avec de l'huile.
- Saupoudre de thym écrasé et de quelques feuilles de basilic. Fais cuire à four chaud (thermostat 7) pendant 35 à 40 minutes.

La gratinée aux oignons

Ou quand "l'oignon fait la force"

Savez-vous que l'oignon est un légume particulièrement riche en vitamines ? Pendant longtemps, on en donnait aux marins pour les protéger du scorbut, une maladie due à une insuffisance de vitamine C. D'où sans doute cette mauvaise plaisanterie (attribuée à Mazarin) : "L'oignon fait la force."

Bref, comme les épinards de Popeye, la soupe à l'oignon devrait vous aider à faire le plein d'énergie. Mais les choses se compliquent lorsqu'on cherche à savoir d'où vient ce fameux breuvage. Les Parisiens considèrent que c'est une spécialité des bistrots de Montmartre et aussi des Halles où l'on soupe tard, voire très tôt le matin... Mais les Lyonnais la revendiquent tout autant. Elle se déguste, disent-ils, dans les "bouchons", c'est-à-dire les petits restaurants typiques. Le grand cuisinier Paul Bocuse est catégorique : "À Lyon, l'oignon n'est pas rare et nous affirmons être les inventeurs de cette soupe que les Halles de Paris ont reprise à leur compte en lui ajoutant des croûtons et du fromage râpé."

On le voit, la bataille de la gratinée fait rage. Et elle n'est pas près de s'apaiser. Y aura-t-il des larmes ? On serait tenté de dire que oui, tant l'oignon, quand on l'épluche, a la réputation de faire pleurer. Mais, coup de théâtre : lors d'un des derniers salons mondiaux de l'alimentation, les Japonais ont présenté une nouvelle variété d'oignon, non lacrymogène !

La recette

Facile
Bon marché
Pour 3 personnes

Ingrédients
300 g d'oignons
1 cuillère à soupe de farine
60 g de beurre
1,5 litre d'eau
4 cuillères à soupe
de crème fraîche
150 g de gruyère râpé
6 croûtons
Sel, poivre

• Épluche les oignons, coupe-les en fines lamelles et fais-les fondre dans une cocotte avec le beurre. Le feu ne doit pas être trop vif afin que les oignons fondent doucement, sans roussir.

• Lorsqu'ils sont blonds, saupoudre-les avec la farine et laisse-les cuire 2 à 3 minutes en remuant jusqu'à ce que la farine devienne blonde.

• Ajoute progressivement l'eau en remuant pour éviter les grumeaux. Sale, poivre et laisse cuire 30 minutes à petit feu.

• Ajoute la crème fraîche et verse dans un plat à gratin. Pose les petits croûtons sur la soupe, saupoudre avec le gruyère râpé et mets le tout à four très chaud (260 °C ou thermostat 9) jusqu'à ce que le gratin soit doré.
Sers aussitôt.

Pour ne pas pleurer en épluchant les oignons, il faut les mettre au réfrigérateur 2 heures avant ou les éplucher sous l'eau du robinet.

Le vol-au-vent

Ou l'histoire d'une pâte plus légère que le vent

C'est à un brillant pâtissier nommé Antonin Carême (1783-1833) que l'on doit l'invention du vol-au-vent. Le petit Antonin n'imaginait certainement pas qu'il passerait ainsi à la postérité. Lorsqu'il vient au monde, il est le cadet d'une famille nombreuse et pauvre. À dix ans, son père lui fait comprendre qu'il doit se débrouiller seul. C'est alors qu'Antonin Carême entre en apprentissage chez un pâtissier. Il finira… cuisinier personnel de la famille Rothschild, tout en ayant été, au début du XIXe siècle, en Russie, chef des cuisines du tsar Alexandre III. Belle ascension pour un petit garçon livré à lui-même !

Le vol-au-vent, lui aussi, s'élève et ne semble plus s'arrêter. Lorsqu'il en fait la découverte, un peu par hasard, Carême est au service du prince de Condé. Le prince est particulièrement friand de tartes et de tourtes salées, mais il les juge trop lourdes. Soucieux de l'estomac de son prince, Antonin se met à la recherche d'une pâte légère. Il fait différents essais infructueux et puis, tâtonnant, met au four deux cercles de pâte réunis par un ruban de pâte feuilletée.

Une fois enfournée, la pâte feuilletée monte toute droite, boursoufle, s'élève dans les airs. Alors le fournier (c'est ainsi qu'on appelait autrefois la personne qui tenait un four à pain), qui n'en croit pas ses yeux, s'exclame, admiratif : "Antonin, regarde ! Ta tourte vole au vent."
Ainsi était née la croûte du vol-au-vent. En la garnissant de viande et de champignons, on obtiendrait bientôt une entrée aussi légère que son nom.

La recette

Difficile
Coût moyen
Pour 4 personnes

Ingrédients

Une croûte de vol-au-vent (à commander chez un boulanger-pâtissier)
750 g de moules
4 coquilles Saint-Jacques sans leur coquille (ou noix de Saint-Jacques)
2 cuillerées de crème fraîche
1 cube de fumet de poisson (à acheter en poudre ou en cube au supermarché)
1 verre de vin blanc
Poivre et sel
Farine

- Lave soigneusement les moules sans les laisser tremper dans l'eau (sinon, elles s'ouvrent et perdent leur goût).
- Dans une casserole, dilue le fumet de poisson dans un verre d'eau. Ajoute le verre de vin blanc et fais chauffer le tout. Avant que le mélange ne commence à bouillir, verses-y les moules et les noix de Saint-Jacques. Laisse-les cuire environ 3 minutes à couvert.
- Avec une cuillère en bois, retourne-les régulièrement en veillant toujours à ce que le liquide ne commence pas à bouillir.

• Retire le tout du feu. Avec une écumoire, sors les fruits de mer cuits. Enlève les moules de leur coquille.
• Coupe les noix de Saint-Jacques en lamelles. Mets le tout de côté.
• Remets le jus de cuisson à petit feu pour qu'il s'évapore un peu. Ajoutes-y la farine en la saupoudrant et en remuant, puis la crème fraîche pour obtenir une sauce un peu épaisse. Incorpore les fruits de mer dans cette sauce. Sale et poivre.
• Réchauffe à tout petit feu si besoin et verse dans le vol-au-vent que tu auras préalablement fait tiédir un peu au four. Sers bien chaud.

FARIN
S SEL
PÂTE
RIZ
LENT

Les plats

Le tournedos Rossini

Ou un morceau de choix de l'"opéra-bouffe"

Quand on aime la vie, il n'est pas étonnant d'apprécier à la fois la musique et la gastronomie. Tel était le cas du grand compositeur Gioacchino Rossini. C'est à lui que l'on doit des opéras célèbres comme *Le Barbier de Séville*, *Otello* ou *Guillaume Tell*.
À l'époque de cette histoire, nous sommes à Paris, au XIXe siècle. Rossini a été nommé "inspecteur de la musique" du roi Charles X. Mais l'homme semble aussi doué pour l'harmonie que pour la gourmandise. On se moque d'ailleurs volontiers de son appétit et de sa corpulence. Le poète Théophile Gautier raille sa "monstrueuse grosseur" qui l'empêche depuis des années de voir le bout de ses pieds. "Le cuivre de son orchestre, écrit Gautier, montre une certaine préoccupation de casserole qui ne le quitte pas, même dans les inspirations les plus sublimes." C'est un fait : Rossini est un mangeur insatiable et surtout un fin gourmet. Ce qu'il affectionne par-dessus tout : la viande la plus tendre, le foie gras et la truffe… qu'il appelle le Mozart des champignons !

Un jour qu'il se trouve au restaurant, Gioacchino fait un caprice. Il en a assez, dit-il, de ces cartes et de ces menus, toujours les mêmes, qu'on lui propose. Alors, il fait venir le maître d'hôtel. Il vient d'avoir une inspiration comme en ont les artistes ; une grande inspiration culinaire.

Ce qu'il veut qu'on lui serve ce jour-là, c'est une pièce de viande, mais pas n'importe laquelle. Une tranche ronde prélevée dans le cœur d'un filet de bœuf, surmontée d'une tranche de foie gras et coiffée d'une belle truffe !
Le maître d'hôtel n'en revient pas. Pour lui, c'est une hérésie gastronomique. Mélanger de la viande et du foie gras, il n'a jamais vu ça. Mais le musicien ne veut pas en démordre. Alors, pour ne pas mécontenter son client, mais pour sauvegarder ce qu'il considère être sa réputation, le maître d'hôtel a une idée.
Il veut bien s'exécuter, mais il apportera le plat dans la plus grande discrétion, en "tournant le dos" aux convives.

C'est ainsi que naît le tournedos Rossini dont la fortune, n'en déplaise au maître d'hôtel de notre histoire, ne sera pas moindre que celle des opéras de son créateur.

La recette

Assez difficile
Coût élevé
Pour 4 personnes

Ingrédients
1 truffe fraîche ou en boîte (facultative)
4 tournedos de 140 g chacun environ
4 tranches assez épaisses de foie gras de canard mi-cuit
Un fond de vin de Madère
Beurre, huile, sel et poivre

Attention, le tournedos Rossini n'est pas un plat de tous les jours. C'est plutôt une recette de fête, à réserver pour les grandes occasions. Pour qu'elle ne te revienne pas trop cher, tu peux acheter le foie gras en conserve au supermarché.
De même, tu y trouveras peut-être une truffe en boîte. Les truffes sont des champignons rares destinés à parfumer et à donner du goût. Le grand cuisinier Brillat-Savarin disait que la truffe est "le diamant de la cuisine".

- Si tu as la chance d'en avoir une, découpe la truffe en fines tranches.
- Dans une grande poêle, fais chauffer un peu de beurre et d'huile. Quand le mélange est très chaud, place les tournedos dans la poêle. Chaque côté doit être bien saisi pendant 2 à 3 minutes environ selon que tu aimes ou non la viande rouge.
- Mets-les dans un plat que tu recouvriras d'un autre plat pour les maintenir au chaud.
- Pose ensuite les tranches de foie gras dans la poêle. Saupoudre-les avec les lamelles de truffe et laisse-les chauffer quelques secondes.
- Garnis chaque tournedos de sa tranche de foie gras. Dans la poêle, verse quelques cuillerées de vin de Madère, ainsi qu'un peu de sel et de poivre, pour faire une petite sauce dont tu napperas l'ensemble. Sers bien chaud.

Le hachis Parmentier

Ou la revanche de la pomme de terre

L'histoire – on serait tenté de dire "l'invention" – de la pomme de terre remonte à 1533. À cette date, Francisco Pizarro, un conquistador espagnol, arrive en Amérique du Sud et s'empare du Pérou. À son grand étonnement, il constate que les habitants se nourrissent d'une petite racine ronde qu'ils appellent la *papa*. Cette découverte ne va pas tarder à voyager. Du Pérou, la *papa* gagne l'Espagne puis la France et le reste de l'Europe. Mais, jusqu'au XVIIIe siècle, la pomme de terre reste très mal considérée. On la voit comme un légume de pauvres. On l'accuse même de donner des maladies. Bref, on répugne à en manger. Jusqu'au jour où, au XVIIIe siècle, un certain Antoine-Augustin Parmentier va modifier entièrement la perception que l'on en a…

Le jeune Antoine-Augustin Parmentier est pharmacien – à l'époque, on dit "apothicaire" – dans l'armée. Pendant la guerre de Sept Ans (1756-1763), à l'issue de laquelle la France va perdre ses colonies au Canada et en Louisiane, Antoine-Augustin est fait prisonnier en Westphalie, une région de l'Allemagne.

Les conditions de détention sont très dures. Les prisonniers n'ont presque rien à manger. Rien sauf des pommes de terre, et Parmentier y prend goût. En bon scientifique, il se met à étudier ce légume et en remarque les vertus rassasiantes. Revenu en France où il est nommé apothicaire aux Invalides, il va se faire l'un des plus ardents défenseurs de la pomme de terre.

Nous sommes dans la seconde moitié du XVIIIe siècle. Une époque où les famines sont extrêmement nombreuses. Parmentier va convaincre le roi de le laisser cultiver cette pomme de terre dont il est persuadé qu'elle peut résoudre le problème des disettes. Pour cela, il reçoit des terrains à Neuilly et au Champ-de-Mars. Imaginez-vous : des pommes de terre en plein Paris ! Parmentier fait même mieux : pour donner de la valeur à ses plantations, il les fait entourer d'une clôture et surveiller par la garde royale…

Lorsque Louis XV, en visite au Champ-de-Mars, accroche des fleurs de pomme de terre à sa boutonnière, les dernières réticences s'envolent.

Les courtisans veulent montrer au roi qu'ils lui emboîtent le pas et font planter des pommes de terre partout sur leurs domaines. Voilà la mode lancée !
Non seulement on va pouvoir lutter contre les famines, mais on va aussi se mettre à cuisiner ce légume nouveau de toutes les façons. Frites, purées, mousselines, pommes dauphines, sautées ou en robe des champs : inutile d'énumérer toutes les manières d'utiliser la pomme de terre. L'une d'elles, néanmoins, va connaître une fortune particulière. Il s'agit d'un hachis de bœuf recouvert d'une épaisse couche de purée et gratiné au four. Ce plat simple et onctueux va traverser les âges et, en hommage à l'inventeur de la pomme de terre (en qui Voltaire voyait un bienfaiteur de l'humanité), il est resté dans l'histoire sous le nom de… hachis Parmentier.

La recette
Facile
Bon marché
Pour 6 personnes

Ingrédients
1 kg de pommes de terre à purée
25 cl de lait
100 g de beurre
3 cuillerées à soupe de crème fraîche
800 g de bœuf bouilli ou de viande hachée revenue à la poêle
1 oignon
80 g de gruyère râpé
Sel, poivre

- Épluche les pommes de terre. Coupe-les en gros morceaux et fais-les cuire dans une casserole d'eau bouillante salée pendant 25 minutes.
- Égoutte-les et passe-les au presse-purée. Ajoute le lait, la crème fraîche et la moitié du beurre. Sale et poivre : la purée doit être onctueuse et assez ferme.
- Avec un mixeur, hache très finement le bœuf bouilli et fais-le revenir dans une cocotte avec l'oignon. À défaut de bœuf bouilli, fais revenir la viande hachée à la poêle avec une noix de beurre.
- Graisse un grand plat à gratin. Verses-y la moitié de la purée. Ajoute le hachis en une couche épaisse. Recouvre avec le reste de la purée. Lisse le dessus avec le dos d'une fourchette. Parsème-le de petites noisettes de beurre. Saupoudre de fromage râpé. Enfourne dans le four préchauffé à 180 °C pendant un quart d'heure. Sers bien chaud avec une salade verte.

Le couscous

Ou comment une onomatopée est devenue l'un des plats préférés des Français

Il paraît que Rabelais en parle déjà dans son célèbre *Pantagruel*. Au chapitre des ragoûts, il évoque un plat "à la mauresque", à base de bouillie de céréales, qui pourrait faire penser au couscous, ou à l'un de ses ancêtres. Il paraît aussi que George Sand en préparait à Nohant lorsque la mode était à l'orientalisme, c'est-à-dire à tout ce qui venait d'Orient.

Semoule, légumes, viandes : le couscous est un trio gagnant. On dit même qu'il arrive aujourd'hui au quatrième rang parmi les plats préférés des Français (après la blanquette de veau, le pot-au-feu et les moules marinières). Pourtant, il était encore quasiment inconnu en France au début du XXe siècle.

C'est après la Seconde Guerre mondiale qu'il va se propager. L'économie, alors, a besoin de bras. On fait venir d'Algérie – qui est alors un département français – des milliers de travailleurs qui arrivent avec

leurs goûts culinaires et leurs recettes. Le couscous est alors servi dans les gargotes où ils se restaurent à midi. C'est le plat principal, sinon le plat unique. Mais les fumets qui s'en dégagent vont faire beaucoup pour sa réputation. "Nous faisions profil bas pour nous intégrer, se souvient Andrée, qui était alors une petite fille rapatriée d'Afrique du Nord. Mes parents avaient pris une petite épicerie. Ma mère a, bien sûr, continué à faire le couscous. Les clients étaient attirés par les bonnes odeurs qui sortaient de la cuisine. Ils demandaient ce que c'était et maman, pour leur faire plaisir, leur en offrait."

Des recettes de couscous, il en existe mille et une, selon les familles. Selon qu'on est riche ou pauvre, qu'on vient d'Algérie, du Maroc ou de Tunisie. Des plaines ou des montagnes… Les Kabyles, par exemple, le mangent avec de petits haricots, tandis que les Andalous, dans le sud de l'Espagne, le préfèrent à la cannelle et les Mauritaniens avec des lanières de viande séchée… Mais depuis que la "couscousmania" s'est emparée de la France, tout le monde sait de quoi il retourne : une semoule arrosée de bouillon de viande, servie avec des légumes et aromatisée avec toutes les épices ou les herbes possibles selon les lieux : poivre, clou de girofle, cumin, curcuma, cannelle, cardamome, gingembre, laurier, coriandre, anis, fenouil… et même d'autres, beaucoup moins connues, comme le cubèbe ou le galanga !

En revanche, savez-vous d'où vient le mot "couscous" ? Il paraît que ce terme arabe, "kouskous", est simplement une onomatopée (c'est-à-dire un mot imitant un bruit). En l'occurrence, celui produit par la vapeur du bouillon passant à travers les trous du récipient destiné à le cuire. Fermez les yeux et écoutez : kouss kouss kouss… Cela ne vous met-il pas déjà en appétit ?

La recette

Difficile
Bon marché
Pour 8 personnes

Ingrédients

1,5 kg de viande de mouton (le collier par exemple)
8 merguez
800 g de semoule
4 tomates
4 carottes
6 navets
2 poivrons verts
4 courgettes
1 piment (optionnel)
4 gousses d'ail
4 oignons
1 grande boîte de pois chiches
100 g de beurre
Huile d'olive
Harissa (sauce piquante)
Mélange quatre-épices

• Épluche les oignons (sans pleurer) et coupe-les en quartiers.
• Dans la partie basse d'un couscoussier, fais chauffer 4 cuillères à soupe d'huile d'olive. Pose les morceaux de mouton et fais-les revenir en les retournant plusieurs fois. Ajoute les oignons, mélange bien puis retire le tout du feu.
• Épluche les carottes et les navets et coupe-les en gros dés. Pèle les gousses d'ail. Fais des lanières de poivron. Remets le couscoussier sur le feu avec la viande et les oignons. Ajoute les épices. Mets dedans tous les légumes et couvre d'eau légèrement salée. Laisse cuire à feu moyen pendant 1 heure 30. Au bout de 1 heure, ajoute les courgettes coupées en rondelles et les tomates en quartiers et (si tu veux) le piment.
• Rince la semoule à l'eau froide et laisse-la gonfler pendant 1/4 d'heure. Verse-la ensuite dans la partie haute du couscoussier. Laisse-la cuire une vingtaine de minutes puis verse-la dans un grand plat. Arrose-la avec deux cuillères à soupe d'huile d'olive et laisse-la gonfler 10 minutes, en remuant avec une fourchette ou du bout des doigts (bien propres) pour bien l'égrener. Maintiens-la au chaud sur le couscoussier.

- Fais réchauffer les pois chiches dans une casserole et fais griller les merguez à la poêle.
- Verse la semoule dans un grand plat creux. Sculpte-la en une sorte de petite montagne et parsème-la de petits morceaux de beurre. Dans un autre plat, dispose la viande et les légumes que tu arroseras de bouillon. Sers à table le reste du bouillon dans un grand bol, les pois chiches égouttés dans un autre bol et, dans un troisième bol, l'harissa, une petite cuillerée à café délayée dans un peu de bouillon (à utiliser avec modération car très fort...).

Le poulet marengo

Ou une victoire gastronomique de Napoléon Bonaparte

Si tu passes par l'Italie, et plus exactement par le Piémont, cette région du nord-ouest de l'Italie, tu traverseras peut-être une petite ville tranquille nommée Marengo. Si tu fermes les yeux et que tu laisses aller ton imagination, peut-être pourras-tu entendre le piaffement des chevaux et les clameurs de la bataille… Nous sommes en 1800, le 14 juin exactement. Toute la journée, la bataille a fait rage à Marengo. D'un côté les Autrichiens, de l'autre les Français, emmenés par Bonaparte et ses généraux, Murat et Lannes notamment. Le combat s'enlise, on ne sait trop comment conclure.

C'est alors qu'avec l'assentiment de Bonaparte, le général Kellermann donne la charge. Splendide : voici les grenadiers autrichiens en déroute. Bientôt, la victoire est certaine et, pour la fêter, Bonaparte, mis en appétit, commande un plantureux dîner.

Catastrophe. L'avancée rapide des troupes françaises a laissé loin derrière les fourgons de ravitaillement. Le cuisinier, Dunan, s'arrache les cheveux. Seule solution : utiliser tout ce qu'il pourra réquisitionner sur place. Dans les ruines de Marengo, il trouve des poulets, des tomates, des champignons. Et aussi de l'huile d'olive, du persil et des herbes. Il va falloir se débrouiller avec ça. Dunan découpe les poulets, fait sauter les morceaux dans l'huile, et ajoute progressivement tous les ingrédients qu'il a pu trouver. Et puis il arrose le tout d'un fond de vin blanc récupéré chez les Italiens. On dit que Bonaparte – sans doute de très bonne humeur ce jour-là – trouva ce plat délicieux. Deux siècles plus tard, en tout cas, il est devenu un classique.

La recette
Assez difficile
Bon marché
6 personnes

Ingrédients
1 poulet
6 belles tomates
200 g de champignons
Un peu d'huile d'olive
1 verre de vin blanc
Persil : 1 ou 2 branches
Beurre, farine, échalotes

• Découpe le poulet cru (ou fais-le découper par le boucher).
• Fais chauffer ensemble dans une cocotte l'huile et le beurre et mets les morceaux de poulet à dorer. Lorsqu'ils sont à moitié revenus, saupoudre-les avec le persil haché et les échalotes. Continue à les faire dorer.
• Mets ensuite la farine et le vin blanc. Laisse cuire doucement pendant 1 heure.
• Ajoute alors les champignons lavés et coupés et les tomates écrasées en grosse purée. Prolonge la cuisson pendant environ 40 minutes.

FARIN
S SEL
PÂTES
RIZ
TILLES
Sucre

Les desserts

La tarte tatin

Ou comment faire d'un ratage un délice

Elles s'appelaient Tatin – Caroline et Stéphanie Tatin –, et elles étaient sœurs. Nées en Sologne, à La Ferté-Saint-Aubin, au début du XIXe siècle, les sœurs Tatin sont toutes deux passionnées par la gastronomie et par la cuisine. Autour des années 1850, elles quittent leur village natal pour aller s'installer à Lamotte-Beuvron, chef-lieu de canton du Loir-et-Cher, où elles décident d'ouvrir un hôtel-restaurant. C'est là une idée très astucieuse. Lamotte-Beuvron se trouve en effet sur la ligne de chemin de fer Orléans-Vierzon, et beaucoup de chasseurs s'y arrêtent. Leur hôtel, qu'elles baptisent d'ailleurs hôtel Terminus, devient vite une des meilleures adresses de la région et une halte obligée entre deux battues.

Les sœurs Tatin savent y faire : faisan, chevreuil, terrine de sanglier, perdreaux farcis… Elles n'ont pas leur pareil pour accommoder le gibier solognot. Pour les desserts, elles ne sont pas en reste. Tartes, macarons, beignets : leurs spécialités restent cependant très classiques, jusqu'au jour où…

Ce jour-là, Caroline est un peu plus pressée ou un peu moins adroite que d'habitude. Dans les cuisines du restaurant, elle a préparé une tarte aux pommes qu'elle vient de sortir du four quand… catastrophe ! La tarte lui échappe et se renverse malencontreusement sur la plaque chaude de la cuisinière. Là, sous l'effet de la chaleur, le sucre qu'elle venait

de saupoudrer sur les pommes se transforme sous ses yeux en caramel. Bientôt, c'est tout le dessus de la tarte qui est tout brun, caramélisé. Caroline demande à sa sœur Stéphanie son avis : que faire ? Et si on goûtait quand même ? suggère Stéphanie. Les deux sœurs en conviennent : ce goût de pommes caramélisées est tout simplement délicieux.
D'un hasard, ou plutôt d'un accident, vient de surgir une nouvelle recette : la tarte tatin. Elle ne va pas tarder à conquérir la capitale. On dit que le chef du restaurant Maxim's, l'un des restaurants les plus chic de Paris, la mettra à sa carte quelque temps plus tard. Quant aux demoiselles Tatin, elles prendront en 1907 une retraite bien méritée.
À cette date, elles vendront leur hôtel qui, de Terminus, deviendra l'hôtel Tatin. Si vous passez aujourd'hui par Lamotte-Beuvron, en Sologne, cette région magnifique de forêts et d'étangs, arrêtez-vous à l'hôtel Tatin, pensez aux demoiselles du même nom et laissez-vous tenter…

La recette
Facile
Bon marché
Pour 6 personnes

Ingrédients
1,5 kg de pommes reinettes d'Orléans
125 g de sucre en poudre ou de sucre roux (encore meilleur)
125 g de beurre
250 g de pâte brisée (on peut l'acheter toute faite dans un supermarché)

• Épluche les pommes, coupe-les en gros morceaux en retirant le cœur et les pépins. Dans un plat à tarte allant au four (par exemple un plat en pyrex), répartis des morceaux de beurre puis recouvre le fond du plat de sucre. Dispose ensuite les quartiers de pommes, bien rangés en cercles réguliers.
• Découpe la pâte brisée à la taille du moule, et pose ce cercle de pâte délicatement sur les pommes.
Enfourne le tout dans le four que tu auras fait préchauffer à 200 °C. Laisse cuire pendant 30 minutes environ en surveillant bien.
• Si ton plat est transparent, tu verras le caramel prendre sa jolie couleur dorée. Sors alors la tourtière du four sans te brûler et pose un plat à l'envers dessus. Avec des gants de cuisinière, retourne le contenu de la tourtière sur le plat. Veille à ce que tous les morceaux de pommes se détachent bien du fond.
• Sers chaud avec, éventuellement, un peu de crème fraîche pour accompagner chaque part.

La pêche Melba

Ou les délices d'une diva

Connaissez-vous la poire Callas ou la prune Castafiore ? Non ? Pas étonnant, car elles restent à inventer… La pêche Melba, elle, existe bel et bien. Avant de désigner un dessert, la Melba était d'abord une femme. Une grande cantatrice même, Nelly Melba, connue pour interpréter divinement les opéras de Wagner, et morte en Europe dans les années 1930. C'est parce qu'elle venait de Melbourne, en Australie,

qu'elle avait pris ce pseudonyme. Certes, elle n'imaginait sûrement pas laisser un jour son nom à un dessert. Mais, au fond, pourquoi pas ? L'histoire se passe à Londres en 1893. Ce soir-là, la Melba vient d'interpréter magistralement le rôle d'Elsa dans *Lohengrin* au Royal Opera. Elle rentre dans son hôtel, le Savoy – propriété de César Ritz, le grand manitou des hôtels de luxe au XIXe siècle. Là, un célèbre cuisinier de l'époque, Escoffier, a préparé un grand dîner en son honneur. En particulier, il a inventé un dessert dont la diva devrait se souvenir. Comme il est question d'un cygne dans *Lohengrin*, il a voulu reproduire l'animal avec une demi-pêche qui figure le corps et des ailes sculptées dans de la glace à la vanille. Le tout nappé d'une délicate purée de framboises légèrement sucrées pour parfumer l'ensemble. "L'effet fut surprenant et Mlle Melba, que je connaissais bien, fut particulièrement sensible à mon attention", écrivit plus tard Escoffier.

Ainsi, la pêche Melba, un grand classique des desserts français, était née. Elle allait faire les beaux jours d'un fruit que les Chinois, dit-on, considèrent encore aujourd'hui comme un symbole d'immortalité et que Louis XIV appréciait – tout particulièrement une variété douce et suave aujourd'hui disparue et dénommée "tétons de Vénus" !

La recette
Facile
Bon marché
Pour 8 personnes

Ingrédients
8 pêches blanches bien mûres
250 g de sucre
200 g de framboises (ou de coulis de framboises surgelé)
1 l de glace à la vanille

- Remplis une casserole d'eau. Plonge délicatement les pêches dedans avec le sucre. Fais cuire pendant 15 minutes. Épluche-les et laisse-les refroidir.
- Passe les framboises au mixeur pour en faire une purée liquide. Sucre légèrement.
- Au fond de coupes à dessert, fais un lit de glace à la vanille. Pose dessus les moitiés de pêches et nappe avec le coulis de framboises.
- Tu peux, si tu souhaites ajouter encore à la décoration, parsemer l'ensemble avec des amandes effilées et grillées à la poêle.

La mousse au chocolat

Ou l'étonnant cadeau de la civilisation aztèque

Pensons à tous les aliments qui nous semblent aujourd'hui on ne peut plus familiers et qui, pourtant, ont longtemps été considérés avec méfiance.
C'est le cas de presque tous les produits venus de ce qu'on appelait jadis le "Nouveau Monde", ou les Amériques.
La liste est longue, de la pomme de terre à la tomate en passant par le piment, le haricot ou le topinambour – un légume à propos duquel tes grands-parents ou tes arrière-grands-parents, pour peu qu'ils aient connu la Seconde Guerre mondiale, auront sûrement beaucoup d'histoires à te raconter…
À cette liste, il faut en ajouter deux, qui connaîtront finalement un formidable engouement dans toute l'Europe. Ce sont le café et le chocolat.

Lorsque Christophe Colomb débarque au large de l'actuel Honduras, en 1502, les indigènes lui font déjà goûter le cacao. Mais c'est un peu plus tard que celui-ci va prendre de l'importance,

lorsqu'un autre explorateur, Hernán Cortés, découvre le Mexique en 1519. Cortés est intrigué par ces fèves que l'on fait sécher au soleil avant de les broyer sur une pierre plate et avec lesquelles on fait une boisson rougeâtre – le *xocolatl* – dont les Aztèques ont l'air de se délecter. Intrigué aussi par le fait que ces fèves semblent être utilisées au Mexique comme une monnaie d'échange. Auraient-elles donc de la valeur ? Il décide d'en faire rapatrier des cargaisons, par bateau, vers l'Europe. Mais lorsque des corsaires hollandais interceptent les vaisseaux espagnols et qu'ils font main basse sur le chocolat, ils sont convaincus que cette marchandise n'a aucune valeur. Alors, furieux, ils la jettent à la mer !

En France, au XVIIe siècle, le débat autour du chocolat fait encore rage. La correspondance de la marquise de Sévigné reflète bien les hésitations largement partagées à la cour. Tantôt elle en vante les vertus, notamment digestives, tantôt elle s'effraie de ses conséquences. Dans une lettre de 1672, elle évoque notamment la marquise de Coëtlogon qui, dit-elle, “prit tant de chocolat étant grosse (c'est-à-dire enceinte) qu'elle accoucha d'un petit garçon noir comme le diable”.

Peu à peu, néanmoins, le chocolat va conquérir l'Europe. Et avec lui, tous les desserts possibles, gâteaux, crèmes, truffes, sans oublier la divine mousse ! On est loin du *xocolatl* et de la méfiance qu'il suscitait. On en connaît même pour qui il est devenu une véritable drogue !

La recette
Facile
Bon marché
Pour 4 personnes

Ingrédients
125 g de chocolat noir
4 œufs
4 cuillerées à soupe de lait
Une pincée de sel

• Coupe le chocolat en carrés et fais-le fondre au four à micro-ondes (ou à feu très doux dans une casserole) avec le lait.

- Sépare les blancs des jaunes d'œufs. En dehors du feu, ajoute les jaunes au chocolat fondu en mélangeant bien pour faire une pâte bien lisse.
- Mets la pincée de sel dans les blancs d'œufs et bats-les en neige.
- Ajoute les blancs battus au mélange chocolat/jaunes en remuant délicatement.
- Mets le tout dans un joli plat creux ou des coupelles individuelles au réfrigérateur et sers bien frais.

Le croissant

Ou comment le drapeau ottoman inspira les boulangers viennois

A priori, il a tout de l'emblème national. Le croissant, c'est comme la baguette ou le saucisson : impossible de trouver spécialité plus française. En apparence.

Car l'histoire du croissant est bien plus cosmopolite qu'on ne le croit.
Elle commence à Vienne, en Autriche, il y a plus de trois siècles. Nous sommes en 1683 et 300 000 soldats turcs assiègent la ville. Ils sont placés sous les ordres de Karah Mustapha, qui a fait venir aussi 1 500 de ses concubines ! Cette nuit-là, les Turcs ont décidé d'entrer dans la ville impériale en creusant un souterrain. Dans l'obscurité, pensent-ils, ils échapperont à la vigilance des Viennois… Erreur ! Alors que tout le monde dort, les boulangers se réveillent pour allumer leur fournil. Intrigués par les bruits bizarres entendus sous leurs pieds, ils donnent l'alerte. Les plans des Turcs sont déjoués. L'assaut est repoussé et Mustapha vaincu. On dit même qu'il ne tardera pas à recevoir d'Istanbul le fin lacet de soie avec lequel il sera étranglé…

Pendant ce temps, l'archiduc d'Autriche, Léopold Ier, récompense les boulangers qui ont sauvé la ville. Pour le remercier, ceux-ci inventent un petit pain en forme de croissant de lune (le même que celui qui figure sur les étendards ottomans).
Le premier croissant est né...

Un peu moins d'un siècle plus tard, en 1770, une reine de France originaire d'Autriche va introduire cette spécialité à la cour de Versailles. C'est Marie-Antoinette, dite l'Autrichienne, l'épouse de Louis XVI. Peu à peu, le croissant connaîtra le succès que l'on sait. Jusqu'à ce que des "croissanteries" s'ouvrent au bout du monde, symbole de la gourmandise et du petit-déjeuner français.

On n'en soupçonnait pas tant en trempant notre "viennoiserie" dans notre chocolat du matin !

La recette
Facile
Bon marché
Pour 6 croissants

Ingrédients
75 g de beurre
80 g de farine
80 g de petits-suisses
1 cuillerée à soupe de sucre en poudre
1 pincée de sel
1 jaune d'œuf
Un peu d'huile pour la plaque du four

• Dans un saladier, mélange la farine, le sucre, le sel, le beurre et les petits-suisses.
Pétris le tout et laisse reposer 30 minutes.
• Sur une table où tu auras saupoudré un peu de farine, étale la pâte sur 1 cm d'épaisseur.
• Découpe des triangles de 10 cm de côté. Roule-les en partant d'un côté vers la pointe opposée et donne-leur la forme d'un croissant.
• Avec un pinceau, badigeonne les croissants de jaune d'œuf battu. Mets-les sur une plaque huilée et fais-les cuire à four moyen (environ 160 °C).
• Tu peux aussi, comme en Italie, fourrer les croissants en déposant une cuillerée de confiture au centre des triangles avant de les mettre au four.

Le sorbet

Ou la "neige artificielle" de Marco Polo

Le siècle des Lumières – c'est-à-dire le XVIIIe siècle – n'est pas seulement celui des idées et de la philosophie. C'est aussi celui des nourritures terrestres. Savez-vous par exemple que le premier "restaurant" apparaît à l'époque sous ce terme pour la première fois ? Les cafés, eux aussi, fleurissent. Dès la fin du XVIIe siècle, un Italien nommé Procopio a l'idée d'ouvrir rue de Tournon – dans l'actuel 6e arrondissement – le premier "café" parisien qu'il baptise Le Procope.
Nouveautés considérables : les femmes y sont admises. Par ailleurs, Le Procope propose les nouvelles du jour et ne va pas tarder à devenir, comme les autres cafés, un lieu de débats et de discussions. Les intellectuels s'y réunissent, on y croise les philosophes Voltaire et Diderot, et les idées révolutionnaires vont bon train…

En matière de gastronomie, c'est une autre petite révolution qui est à l'œuvre. Le Procope – qui sert du café, du chocolat et de nombreuses boissons à la mode – s'est fait une spécialité du "shorbet".
Ou, du moins, de ce qu'on appelle ainsi à l'époque et que nous connaissons aujourd'hui sous le nom de sorbet.
Le terme viendrait de l'arabe ou de l'assyrien.

C'est une spécialité très ancienne puisqu'on dit qu'Alexandre le Grand – le roi de Macédoine qui vivait au IVe siècle après Jésus-Christ – en raffolait.

C'est grâce à… Marco Polo que le "shorbet" va arriver jusqu'au Procope. Au cours d'un de ses voyages, l'explorateur italien s'enthousiasme pour cette spécialité inconnue de lui.
Il en observe attentivement la fabrication : il faut presser les fruits pour recueillir le jus, filtrer celui-ci à travers un tissu de soie, le sucrer avec du miel… Puis verser ce mélange dans des amphores (de grandes jarres en terre) qui seront enterrées dans la neige…
Lorsque Marco Polo rapporte la recette à Venise, sa ville natale, les pâtissiers italiens en font le *sorbetto*. Privés de neige, ils trouvent une astuce pour le faire prendre : il suffit d'entourer le *sorbetto* avec de la glace et du sel. En ouvrant son café, l'Italien Procopio va tout naturellement importer à Paris toutes ces bonnes idées. Et c'est ainsi que les Parisiens, longtemps après Alexandre le Grand et Marco Polo, se délecteront de ce qu'un observateur de l'époque appelle une "neige artificielle, rafraîchissante et délicieuse".

La recette du sorbet à la fraise

Facile
Bon marché
Pour 8 personnes

Ingrédients
1 kg de fraises
250 g de sucre
1 jus d'orange
1 jus de citron

• Enlève les queues des fraises et coupe-les en deux. Dans une casserole, fais chauffer les fraises dans un peu d'eau pour qu'elles rendent un peu de leur jus.
• Égoutte-les puis, avec un mixeur, mixe-les avec le jus d'orange, le jus de citron et le sucre. Lorsque le mélange est bien homogène (ce qui veut dire qu'il n'y a plus de morceaux), laisse-le refroidir.
• Puis mets-le à prendre dans une sorbetière. Si tu n'as pas de sorbetière, verse la préparation dans un bac à glace et place-le quelques heures dans le congélateur en battant la préparation à la fourchette lorsqu'elle est à moitié prise.
• Sers avec des petits gâteaux tels que cigarettes russes ou langues-de-chat.

La crêpe Suzette

Ou le jeu de l'amour et du hasard

Encore une invention gastronomique largement due au hasard... L'histoire se passe à Monte-Carlo, capitale de Monaco. Le prince de Galles de l'époque, le futur Edouard VII (1841-1910), y séjourne avec sa compagne du moment, une certaine Suzette.
Alors qu'ils ont commandé des crêpes, un petit accident a lieu sous leurs yeux. Le crêpier vient de renverser une bouteille d'alcool qui se trouvait là.
Et l'alcool, du cognac, est tombé sur les crêpes de Son Altesse...
Loin de se démonter, le crêpier continue de saupoudrer les crêpes de sucre qui se caramélise à la chaleur.

Cette préparation spectaculaire et délicieuse plaît au prince et plus encore à son amie.
Le crêpier propose donc de les appeler "crêpes Edouard".
Mais le prince, en véritable gentleman, propose qu'elles portent plutôt le nom de sa compagne. Une Suzette qui, faute de rester dans l'histoire de la famille royale, serait désormais connue de tous les gourmands.

La recette

Facile

(attention : pour des raisons de sécurité, ne pas flamber les crêpes tout seul mais demander l'aide d'un adulte !)

Coût moyen

Pour 4 personnes

Ingrédients

200 g de farine
4 œufs
100 g de sucre en poudre
1/2 l de lait
1 cuillère à soupe de sucre vanillé
1 pincée de sel
125 g de beurre
1 orange
1 petit verre de cognac ou de liqueur d'orange (Grand Marnier)

- Délaie dans un saladier la farine, les œufs et le lait froid. Ajoute le sucre et le sel ainsi qu'un peu de lait si la pâte est trop épaisse. Laisse reposer plusieurs heures.

Prépare les crêpes sur une crêpière ou une large poêle huilée.

- Deux heures avant de servir, mélange le beurre avec le zeste râpé de l'orange.
- Pour flamber les crêpes, mets une noix de beurre orangé dans une poêle à feu moyen. Pose une crêpe, retourne-la aussitôt, sucre-la légèrement plie-la en quatre, dépose-la sur une assiette et fais de même avec les autres.
- Remets les crêpes dans la poêle, arrose-les avec le verre de cognac (que tu peux aussi mélanger à un peu de liqueur d'orange). Saupoudre largement de sucre en poudre. Lorsque ce liquide est bien chaud, craque une allumette pour flamber les crêpes et sers-les bien chaudes.

Précaution importante : attention de bien faire tout cela sous la surveillance d'un adulte.

Le baba au rhum

Ou les mille et une nuits du roi Stanislas

Ce gâteau aurait pu aussi s'appeler le Stanislas. Car on le doit à Stanislas Leczinski, roi de Pologne, retiré en Lorraine au début du XVIIIe siècle. Stanislas est un amateur de belles et bonnes choses : la littérature, la peinture, la poésie, la nature… Mais avant tout, c'est un incroyable gourmand. Un jour, dans son château de Commercy, non loin de Nancy, alors qu'il s'apprête à donner un goûter, on s'aperçoit que le pâtissier a disparu. C'est une servante, du nom de Madeleine, qui va, à l'improviste, essayer de le remplacer. S'inspirant d'une recette de sa famille, elle confectionne des petits gâteaux allongés et striés qu'elle présente à Stanislas et à ses invités. Ceux-ci sont enchantés. Pour la remercier, Stanislas baptise « madeleines » ces pâtisseries restées célèbres. (Si tu achètes des madeleines de Commercy, tu verras que la boîte porte le sigle d'une cloche car Stanislas avait fait don d'une grosse cloche à l'église de Commercy.)
Mais, plus encore que pour les madeleines, Stanislas va rester célèbre pour le baba. De sa Pologne natale, en effet,

il a gardé la nostalgie des gros gâteaux en pâte levée que l'on déguste avec un verre de vin. En Lorraine, il prépare lui-même le gros gâteau rond local, le kouglof, qu'il trouve cependant un peu sec à son goût. Un jour, il a l'idée de le saupoudrer de sucre à sa sortie du four, de l'arroser de rhum et de le flamber. Émerveillé par le résultat, il lui donne le nom d'Ali Baba. Tout simplement parce que les contes arabes des *Mille et une nuits* sont le best-seller de l'époque. Ali Baba est le personnage préféré de Stanislas. Avec sa formule “Sésame, ouvre-toi”, il nous ouvre des trésors de volupté et de gourmandise.

Bientôt, néanmoins, le nom de ce gâteau sera abrégé en “baba”. Or, en polonais, “baba” désigne la vieille femme ou la grand-mère. Une silhouette ronde et massive qui peut aussi faire penser au gâteau de Stanislas.

La recette
Facile
Bon marché
Pour 8 personnes

Ingrédients
250 g de farine
10 g de levure de boulanger
3 œufs
6 cuillerées à soupe de lait
80 g de beurre
350 g de sucre en poudre
2 petits verres de rhum
1 pincée de sel

- Fais fondre le beurre dans une casserole jusqu'à ce qu'il soit liquide. Dans une autre casserole, fais tiédir le lait que tu as fait bouillir au préalable.
- Prends un saladier. Mets-y la farine et la pincée de sel. Fais un puits. Verses-y 2 cuillerées de lait tiède dans lequel tu auras délayé la levure. Ajoute un œuf entier et un jaune d'œuf. Mélange longuement pour faire une pâte bien lisse puis ajoute encore un jaune d'œuf. Remélange bien la pâte.
- Ajoute 2 cuillerées à café de sucre puis le reste du lait tiède. Incorpore enfin le beurre fondu. Continue à bien mélanger puis couvre le saladier avec un torchon. Laisse gonfler la pâte pendant 1/2 heure dans une pièce chaude.
- Prends un moule à baba (en forme de couronne). Beurre-le et verse la pâte dedans. Couvre le tout et laisse à nouveau reposer pendant 1/2 heure.

• Puis fais cuire le baba au four à 200 °C pendant 1/2 heure. À la sortie du four, démoule-le et laisse-le refroidir.
• Pendant ce temps, verse 1/2 litre d'eau dans une casserole. Ajoute le sucre en poudre et fais bouillir quelques minutes. Retire du feu et ajoute deux verres de rhum. Imbibe bien le baba avec ce sirop et mets-le sur un plat de service.
• Tu peux aussi servir le baba en l'agrémentant de crème chantilly, de marmelade d'abricots et/ou de cerises confites.

Petite galerie de portraits de cuisiniers célèbres

Chaque époque a ses grands cuisiniers, maîtres-queux, gastronomes ou cordons-bleus. En voici quelques-uns parmi les plus célèbres.

Lucullus

(106-39 avant J.-C.)

Lucius Lucinius Lucullus était un célèbre général romain. Pendant toutes ses campagnes militaires, il avait amassé une immense fortune. Rentré à Rome, Lucullus utilisa cette richesse pour vivre dans le luxe et la volupté. Il se fit dessiner une magnifique villa avec des jardins splendides où il aimait à festoyer avec ses invités. De nombreuses recettes à base de truffes sont encore associées à son nom. Mais c'est surtout une petite phrase qui l'a rendu célèbre.
Un jour, trouvant le dîner qu'on lui servait un peu trop simple, il fit venir son cuisinier qui s'excusa, soulignant qu'il n'y avait, ce soir-là, aucun invité. "Tu te trompes, répondit Lucullus. Ce soir, Lucullus dîne chez Lucullus."

Apicius

(environ 25 av. J.-C.-35 ap. J.-C.)

Marcus Gavius Apicius vivait à Rome sous le règne de l'empereur Néron. Il est l'un des premiers grands cuisiniers de l'histoire de l'Occident.

On sait qu'il avait mis au point une méthode pour gaver les truies avec des figues et du miel – une recette qui sera ensuite reprise pour les oies. Mais surtout, il est l'auteur du plus ancien livre de cuisine qui nous soit parvenu, le *De Re coquinaria*, c'est à dire, en latin, "De la chose culinaire". On y découvre les caractéristiques de la cuisine romaine, notamment le mélange du salé et du sucré et l'utilisation importante d'herbes aromatiques.
Il organisait chez lui de somptueux festins où il conviait les Romains chic et pour lesquels il dépensait des sommes énormes. Un jour, constatant que ses finances ne lui permettaient plus de maintenir ce train de vie, il réunit ses amis pour un dernier banquet au terme duquel il s'empoisonna.

Taillevent

(1310-1395)

De son vrai nom Guillaume Tirel, Taillevent est originaire de Normandie. Il fait toute sa carrière à la cour, successivement comme apprenti, puis "queux" (cuisinier), puis maître-queux (chef de cuisine). Il finit avec de hautes responsabilités, notamment celle de surveiller la manipulation du vin, pour éviter qu'on y ajoute du poison, une pratique courante, à l'époque, pour se débarrasser des puissants.

Mais Taillevent doit surtout sa célébrité à un livre, *Le Viandier*, le premier manuscrit de cuisine en français. Il a également laissé son nom à un restaurant célèbre, place des Vosges, à Paris.

Vatel

(1631-1671)

Belle carrière que celle de François Vatel entré très jeune en apprentissage chez un pâtissier-traiteur et nommé, à trente ans, maître d'hôtel au château de Chantilly. C'est l'époque où le château de Chantilly, qui appartient au prince de Condé, est en pleine réfection. Une fois celle-ci terminée, le prince de Condé y invite le roi. Mais Vatel n'a été prévenu que très peu de temps à l'avance. Il lui faut, très rapidement, tout organiser, y compris les feux d'artifice, alors même qu'il manque terriblement d'aide. Submergé par la tâche, Vatel se sent désespéré. La nuit qui précède l'arrivée du roi, il s'aperçoit qu'il n'a pas commandé assez de poisson pour le déjeuner du lendemain. Il se voit déjà déshonoré et, totalement déprimé, préfère mettre fin à ses jours.

Brillat-Savarin

(1755-1826)

Jean-Anthelme Brillat-Savarin est originaire de Belley, dans l'Ain, une région très gastronomique. Homme cultivé, il est à la fois philosophe, musicien et juriste. Et surtout, c'est un grand gourmet. Contraint par la Révolution française de s'exiler aux États-Unis, on dit qu'il communiqua aux Américains la technique des œufs brouillés *(scrambled eggs)* et rapporta en France la recette du *Welsh rarebit** (une sorte "d'ancêtre du croque-monsieur"). Il laisse un livre, *La Physiologie du goût* (1825), qui fut un grand succès et qui nous permet de tout connaître de la gastronomie de son époque.

* Lit. "Lapin gallois"

Grimod de La Reynière

(1758-1837)

Alexandre Balthasar Grimod de La Reynière naît avec des mains anormales et des doigts mal formés. Il est issu d'une famille noble et conventionnelle que son infirmité gêne.
C'est pourquoi son éducation est entièrement confiée aux domestiques. Plus tard, il deviendra avocat et journaliste, mais c'est dans les cuisines de ses parents, à l'occasion des réceptions et des grands dîners donnés par ceux-ci, que, côtoyant les meilleurs chefs de cuisine, La Reynière prend goût à cet art.

En 1802, il a l'idée de publier un journal qui commenterait un "itinéraire" des restaurants et cafés qui se développent à l'époque. C'est en quelque sorte le premier ouvrage de critique gastronomique. Il s'appelle *L'Almanach des gourmands* et va connaître un succès retentissant.

Parmi les grands cuisiniers contemporains, les noms ne manquent pas. Citons notamment ceux de Paul Bocuse, Michel Bras, Pierre Gagnaire, Bernard Loiseau, Raymond Oliver, Joël Robuchon, Marc Veyrat ou Hélène Daroze… tous ambassadeurs de la cuisine française ou de la "nouvelle cuisine française" à l'étranger.

Bibliographie

Grandes et petites histoires de la gourmandise française, de Sylvie Girard-Lagorce, éd. De Borée, 2005.

Histoire de la cuisine et des cuisiniers, de Jean-Pierre Poulain et Edmond Neirinck, éd. LT Jacques Lanore, 2004.

Le Monde, série de l'été 2004 : articles de Philippe Broussard et José-Alain Fralon.

Je sais cuisiner, de Ginette Mathiot, Albin Michel, 1965.

Table

Reproduit et achevé d'imprimer
en mars 2006
par Dumas-Titoulet imprimeurs
pour le compte des éditions
ACTES SUD
Le Méjan
Place Nina-Berberova
13200 Arles

Dépôt légal
1re édition : avril 2006
N° d'impression : 43774
(Imprimé en France)